Sintaxis,

ejercicios de

Cuaderno de ejercicios de

Sintaxis para alérgicos a la sintaxis

Puede usarse de forma independiente

Alfonso Ruiz de Aguirre

1ª Edición.

Marzo de 2016.

Contenido

  1.1 Morfología 3
  1.2 Sintagmas 3
  1.3 Sujeto, predicado y elementos oracionales 4
  1.4 Pronombres personales átonos 5
  1.5 Yuxtapuestas y coordinadas 7
  1.6 Proposiciones subordinadas adjetivas 7
  1.7 Proposiciones subordinadas sustantivas 8
  1.8 Proposiciones subordinadas adverbiales 10
  1.9 Oraciones con más de dos proposiciones 11
  1.10 Preparando las oposiciones 13
 2 Soluciones 14
  2.1 Algo de morfología 14
  2.2 Sintagmas 15
  2.3 Sujeto, predicado y elementos oracionales 16
  2.4 Pronombres personales átonos 20
  2.5 Yuxtapuestas y coordinadas 22
  2.6 Proposiciones subordinadas adjetivas 24
  2.7 Proposiciones subordinadas sustantivas 26
  2.8 Proposiciones subordinadas adverbiales 29
  2.9 Oraciones con más de dos proposiciones 33
  2.10 Preparando las oposiciones 41

Alfonso Ruiz de Aguirre (Toledo, 1968) es doctor en Lingüística Hispánica por la Universidad de Zaragoza.

Da clase en Educación Secundaria desde 1991, con un paréntesis en la Universidad de Virginia Occidental, así que cuando se publique este libro llevará 25 años enseñando sintaxis, y hasta ahora ha sobrevivido, aunque en ocasiones ve muertos (sintácticos). Para esos muertos, que están tan vivos, y para sus profesores escribió primero *Sintaxis para alérgicos a la sintaxis* y ahora este libro de ejercicios que sirve para complementarlo.

1.1 Algo de morfología

1- Identifica la categoría de las siguientes palabras.
a- No nos acercaremos al nuevo recinto ferial porque aún no está preparado.
b- Me dijo que mañana por la tarde irían Juan y él a charlar con algunos.
c- Según las mejores revistas especializadas, ese videojuego también necesita mejoras.
d- Venía conmigo del instituto cuando aquellos amigos tuyos nos saludaron.
e- Lo difícil era decírselo a tus amigos sin que se molestaran los suyos.

2- Distingue los indefinidos y los interrogativos/exclamativos y escribe su categoría.
a- Es demasiado difícil saber qué personas comprarán bastantes.
b- Dime con suficiente antelación cuándo tendrás todos los ingredientes.
c- Algunos de ellos me dijeron con algo de retraso qué querían ciertos clientes.

3- Localiza las locuciones y di de qué tipo son.
a- Colocaron el coche bomba junto a la embajada de forma que causara mucho daño.
b- Por lo menos cinco iban rumbo a Cádiz con vistas a llegar a tiempo.
c- ¡Anda ya!, si había mazo de peña y fue un concierto de la leche.
d- Yo mismo le haría caso a lo mejor, si te tiene en cuenta.

4- Distingue qué expresión es perífrasis y di por qué.
a- Viene a trabajar andando / Viene a costar tres euros.
b- Voy a dormir (ahora que estoy tumbado) / Voy a estudiar a la biblioteca en bici.
c- Estoy subiendo la cuesta / La tienda está subiendo la cuesta.
d- Fue localizado el emplazamiento / Está localizado el emplazamiento.

1.2 Sintagmas

1- Indica a qué núcleo complementa cada SP según el siguiente ejemplo:
La desigualdad de las comunidades de las regiones del sur de Asia en cuestiones sanitarias de importancia durante el último año.
Respuesta. *De las comunidades* complementa a *desigualdad*; *de las regiones* a *comunidades*; *del sur* a *regiones*; *de Asia* a *sur*; *en cuestiones sanitarias* a *desigualdad*; *de importancia* a *cuestiones*; *durante el último año* a *desigualdad*.
a- El pacto de respeto con otras fuerzas políticas.
b- El pacto de respeto a otras fuerzas políticas.

c- La información sobre el negocio de tus abuelos desde su apertura en noviembre hasta su cierre en abril facilitada por la delegación de Hacienda de Linares.
d- La invitación al perdón de las ofensas por los líderes religiosos del área de los conflictos.
e- Las consecuencias en Madrid durante agosto de la falta de lluvia reveladas por el informe.

2- Analiza los siguientes sintagmas. Asegúrate de que sabes qué tipo de sintagma es.
a- Bastante alejados de la luz del sol para una buena iluminación.
b- Demasiado lejos de aquí para una temperatura agradable.
c- Demasiados en la clase para un adecuado aprovechamiento.
d- El poderoso Carlos I de España, emperador de Alemania, capaz de un ataque al mismísimo papa.
e- Aquel amplio dispositivo policial en Roquetas tras los graves disturbios raciales del pasado 25 de diciembre.
f- Los parientes del pueblo mucho más cercanos a la familia de mis primos.
g- Los parientes del pueblo más cercano a la sierra.
h- Las inversiones en la cultura de la región durante los tres últimos años en toda la comunidad.

1.3 Sujeto, predicado y elementos oracionale

1- Busca el sujeto en las siguientes oraciones.
a- Nos asustan las tormentas.
b- Se sortearon los premios en febrero.
c- Había cinco pájaros dentro.
d- Se adivinan dudas en tu comportamiento.
e- Chicos, me encanta vuestro peinado.

2- Analiza sintácticamente.
- Nos informaron del retraso por megafonía con mucha antelación.
- Se lo preguntó demasiado tarde.
- Fueron denunciados por la mañana por los vecinos por corrupción.
- Nombraron presidente a Juan los vecinos.
- Escribimos todos los acampados una carta de agradecimiento a los monitores.
- No recordó nadie el día de mi cumpleaños.
- Puso en espera a los clientes enfadados.
- Díselo a tu hermano Pedro enseguida.
- Llegamos de la excursión muy cansados los novatos.
- Nos lo prometieron bien planchado.
- Me habló entusiasmado de su colaboración en la ONG.

- El coche arrancó con unas pinzas.
- Nos alegra el éxito de tu empresa.
- Os lo prestaron vuestros primos durante cinco años.
- Subían la montaña agotados.
- Os indicó el camino a casa muy contento.
- Le obligó el cabezazo al portero a una difícil estirada.
- Puso enfadados a los clientes.
- Lo encontraron escondido en un rincón a pesar de la falta de luz.
- Hubo muchos atascos a causa de la lluvia.
- Soñaba con un viaje al extranjero.
- Convocó a los afectados a una manifestación.

3- Di si el verbo es predicativo o copulativo.
a- ¿A quién se parece ese niño?
b- Estábamos en lo alto del monte.
c- Parecían decididos a todo.
d- El banquete será en ese restaurante.
e- Estuve toda la tarde con los de la orquesta.
f- Son de Alicante.
g- Es de los buenos.
h- Está como una cabra.

4- Analiza sintácticamente.
- Nos está prohibida toda manifestación de protesta.
- Nos fueron prohibidas todas las manifestaciones de protesta.
- Os hubiera sido más fácil la otra opción.
- Habían estado dos meses escondidos en la cueva.
- Están en 4º de ESO los del pelo rubio.
- No parece un problema difícil.

5- Señala los complementos oracionales. Especifica si es vocativo.
a- Hala, no lo flipes, Manolo.
b- La verdad, no esperaba verte aquí.
c- Tómate la sopa, por favor, Ana.
d- Por suerte, no estaban cuando llegamos.
e- Eso no es, en mi opinión, acertado.

1.4 Pronombres personales átonos

1- Aplica las pruebas de reflexividad para decir si los pronombres subrayados son reflexivos. Señala qué función tienen, o si van con el NP.
a- Se encontraba mal aquel día.
b- Se bañaban en el río.
c- Me cambié de ropa.

d- Te maquillaste la cara enseguida.
e- Me afeité pronto.
f- Se lamentaban de su mala suerte.
g- Se marcharon de Madrid.
h- Se matriculó en Derecho.
i- Se equivocó.
j- Se echó en el sofá.

2- Di qué tipo de pronombre personal átono tenemos. Si puede ser de varios tipos, razona cada uno.
a- Se mofaba de todos.
b- Se encontraron tres monedas.
c- Se propusieron triunfar.
d- Se negaron a comparecer.
e- Me relajé mucho.
f- Te quedaste dormido.
g- Te quedaste en la playa.
h- Te volviste más sensato.
i- Te volviste de Murcia.
k- Se burlaron de ellos.
l- Se empeñaron en regresar.
m- Se amañaron los partidos.
n- Nos merendamos tres bocadillos.
ñ- Se lo juré.

3- Analiza sintácticamente.
a- El informe se refiere a las últimas ventas.
b- La ropa se seca al sol.
c- Los cheques se pagan en esa oficina.
d- El piloto se chocó contra la valla.
e- Se repararon todos los grifos.
f- Siempre se ayudan entre sí.
g- Se premió a los mejores estudiantes.
h- Se tiñó el pelo de verde.
i- No se le paga para eso.
j- No te me pongas chulo.
k- Se ha registrado un terremoto.
l- Se ha registrado a los sospechosos.

4- Inventa un contexto en el que…
a- El *se* de *Se lanzaron al río* sea PRef CD.
b- El *se* de *Se lanzaron al río* sea pas ref.
c- *Se* sea pronominal en *Se presentó en la oficina*.
d- El *se* de *Se presentó en la oficina* sea PRef CD.

e- El *se* de *Se esperan* sea pas ref.
f- El *se* de *Se esperan* sea PRec CD.

1.5 Yuxtapuestas y coordinadas

1- Escribe una oración formada por dos proposiciones coordinadas: copulativas, adversativas, disyuntivas, explicativas y distributivas. Expresa cada una de ellas con tantos nexos distintos como seas capaz.

2- Intenta razonar por qué en *Aunque está cansado no lo dice* tenemos proposiciones coordinadas adversativas y en *Aunque estuviera cansado no lo diría*, no.

3- Analiza.
a- Unas veces me escucha y otras se refugia en su mundo.
b- El partido se suspendió, es decir, no pudo reanudarse.
c- Aunque se disfraza se sigue pareciendo a su padre
d- Ni lo sé ni me importa.
e- Tan pronto presume de rico como se queja de la crisis.
f- Conócete a ti mismo: es el secreto de la felicidad.
g- O se lo dices o se equivocará.
h- No sólo me saludó, sino que también me presentó a sus amigos.

4- Analiza
a- Sonaban muy alto y demasiado fuerte.
b- ¿Quieres huevos fritos o filete con patatas?
c- Es demasiado conspicuo, es decir, excesivamente notorio.
d- Lo quiero vivo o muerto.
e- Vienen de Jaén y de Cádiz.
f- Con fabes y sidrina no hace falta gasolina.
g- Compra lentejas, judías y muchas acelgas.
h- Parecía humilde y de buenos modales.

1.6 Proposiciones subordinadas adjetivas

1- Aplica la prueba correspondiente, indica si hay o no PSAdj y, si la hay, subráyala. Señala el antecedente.
a- Nos acordamos al final de que era jueves.
b- Nos acordamos del final que habíamos imaginado.
c- Lo entregamos el día que nos llamaste.
d- Lo entregamos al que nos dijiste.
e- Estrenaron la película donde la anunciaban.
f- Me gustó el cine donde ponían la película.
g- Bailó aquella canción que está de moda.

h- Lo puso en el armario donde le dije.

   2- Si la proposición es adjetiva, localiza el antecedente. Sustituye el relativo por su antecedente cuando sea posible. Di la categoría y función del relativo:
a- Es el agua de la que se abastece el pueblo.
b- Vi al pastor cuyas ovejas compraste.
c- Asistirán a la fiesta que se organiza en el instituto.
d- Visitamos la feria donde venden caballos.
e- Son las personas en quienes más confío.
f- Escuchamos a la orquesta de la que es director.
g- Es la novela de la que se muestra más contento.
h- Son los amigos con quienes hicimos el viaje.

   3- Analiza sintácticamente.
- Me envió el cuadro del que parece más contento.
- Desconfío del argumento al que apelas.
- Animaste a los corredores con quienes te habías desplazado allí.
- Sufrieron un atentado cuyas consecuencias fueron devastadoras.
- Se manifestaron contra las medidas que se habían tomado.
- Se dirigieron a la estación de donde salían los autobuses.
- Ficharon al entrenador del que Antonio es buen amigo.
- La beca a la que renunció parecía muy completa.
- Esa ONG, que se especializó en educación, fue premiada.
- En aquella época, cuando se conocieron, eran jóvenes y atrevidos.
- Todo cuanto intenta le sale bien.
- Me quedan muchas cosas que decir.

1.7 Proposiciones subordinadas sustantivas

   1- Haz la prueba para demostrar si estas proposiciones funcionan como sustantivas (PSS o PSAdjSust). Marca la conjunción, si la hay.
a- Explícame bien si lo necesitas.
b- Explícame bien tu paradero si necesitas que vaya.
c- Se animó a mirar el mar.
d- No sé de qué pie cojea.
e- Se animó al mirar el mar.
f- Me encanta lo que propones.
g- Averiguó de cuándo databa aquel castillo.
f- Propusieron tantas ideas que me convencieron.
g- Propusieron que me quedara.
h Estudian a qué genes se asocia ese trastorno.

2- Localiza los interrogativos. Señala su categoría, su función en la proposición y la función que realiza la proposición que introduce.
a- Dime de quiénes son esos cuadernos.
b- Investigó a qué especie pertenecía la huella.
c- Es un misterio de dónde viene esa costumbre.
d- No sabían de cuándo databan aquellas pinturas.
e- No me acuerdo de para qué han llamado.
f- El misterio es cuántos días pasaron.
g- Me informé de cómo se apellida tu amiga.
h- Me alegra cuán feliz se sentía.
i- ¿Quién ha venido?
j- Sé de qué concurso se trata.

3- Localiza los relativos. Señala su categoría, su función en la proposición, si introducen una PSAdj o una PSAdj Sust y la función que realiza la proposición que introduce.
a- Prefiero los que tienen lunares.
b- Prefiero los vestidos que tienen lunares.
c- Estaba preocupado por lo que le habían contado.
d- Fue descubierto por quienes lo perseguían.
e- Es la brocha de la que te hablé.
f- Confío en quienes me rodean.
g- Iba detrás de quienes lo guiaban.
h- Estaba satisfecho de los exámenes a los que se había presentado.
i- A los que lleguen tarde se les aplicará una sanción.
j- Esa película no es lo que parece.

4- Explica la diferencia de significado y de análisis entre las proposiciones: *Me ocupo de quien tenía los cuadros*; *Me ocupo de quién tenía los cuadros.*

5- Subraya las subordinadas y di si son sustantivas. En caso afirmativo escribe su función.
a- Me permitió quedarme con ella.
b- Se atrevió a salir solo.
c- Hacer deporte es saludable.
d- Volvió de Bolivia a ayudarme.
e- Se contentó con avisarla.
f- Es difícil de asustar.
g- Avisa antes de venir.
h- Es la persona encargada de abrir.

6- Analiza sintácticamente.
- ¿Te molestaría peinarte con ese cepillo, por favor?
- Avísame de quién se ocupará del taller.

- Sinceramente, no sé si se admitirán mis quejas.
- A quienes te lo pregunten los remites a mí.
- No le daba importancia a que se le expulsara.
- ¿Sabes qué mentiras se cuentan de ti?
- No es tu problema lo que piensen los demás.
- De las que se perdieron aún no se sabe nada.
- ¿De dónde vienen las que se guardan en esas cajas?
- No sabía a qué atenerse.
- Me explicó por dónde salir.
- ¿Recuerdas por qué llegó tan cansado, Víctor?
- Imagino cuánto habrá sufrido.
- Se enteró de con quién tenía que entrevistarse.
- Reparó cuantas pudo.
- Eres responsable de a quién dejas las cosas.
- Le dio cuantos consejos pudo.
- Se acordaba de a quién llamar en caso de incendio.

1.8 Proposiciones subordinadas adverbiales

1- Subraya las subordinadas. Indica de qué tipo son y su función.
a- Lo puse donde me dijiste.
b- Lo puse en el armario donde me dijiste.
c- Dime dónde lo pusiste.
d- Aunque la mona se vista de seda, mona se queda.
e- Aunque siempre te vistes de forma informal, eres muy elegante.
f- Ven, que te peine.
g- Como lo digas me enfadaré.
h- Como lo dijiste me enfadé.
i- Como lo dijiste, fue la mejor manera.
j- El modo como lo dijiste me pareció oportuno.
k- Frena mejor que el tuyo.
l- Frenó tan bruscamente que las ruedas chirriaron.

2- a- Escribe cinco proposiciones que lleven el nexo *como* o *cómo* y sean de distinto tipo.
b- Escribe cinco proposiciones introducidas por *que*, que sean de distinto tipo.
c- Escribe tres proposiciones con *donde* o *dónde* de distinto tipo.

3- Analiza sintácticamente. No todas tienen que ser adverbiales.
- Iba feliz por la calle, acordándose de ti.
- Aun conociendo la respuesta, se calló.
- Como se portaba bien con todos, se le consideraba una buena persona.
- Me he comprometido a concentrarme en el proyecto.
- Se presentó en la oficina a quejarse de su salario.

- Aunque la mona se vista de seda, mona se queda.
- Se encuentran auténticos chollos donde estaba el polígono.
- En cuanto se despierte se lo entregaremos preparado para su uso.
- Aunque se lucha contra la violencia no se obtienen los resultados deseados.
- Ese tío sabe más que nadie.
- Siempre que se expliquen las cosas bien, se puede llegar a un acuerdo.
- Una vez firmadas las escrituras no puedes echarte atrás.
- Al tomar esa decisión ya conocías sus consecuencias.
- Tanto va el cántaro a la fuente que al final se rompe.
- Se estropearon las luces, así que tuvimos que volver a oscuras.
- Parece peor que la de atrás.
- Se desencadenó la tormenta, tal y como se anunció.
- Se desencadenó el prisionero como si fuera fácil.
- No lo hizo como tú.
- No por mucho madrugar amanece más temprano.

4- Razona el tipo de proposición subordinada que aparece en *Hace como si os conociera*. Para ello usa el DRAE y consulta las acepciones 27 y 39.

1.9 Oraciones con más de dos proposiciones

Todas estas oraciones han sido extraídas de exámenes reales o de modelos oficiales de Selectividad de distintas comunidades. Analiza sintácticamente:
- Las artes parecen un desesperado intento por imponer un sentido a nuestra vida.
- Las frases hechas contribuyen a instalarnos en el reino de la imagen dominante.
- Las marcas se ocupan de reciclar los envases que ponen en el mercado mediante su contribución a Ecoembes.
- Hablamos de un tipo de ansiedad social que dificulta la vida de muchas personas y las condena a la soledad.
- No pretendemos proscribir las distracciones, pero las del investigador serán siempre ligeras.
- Creo que lo que escondía era un acentuado sentido de la dignidad.
- Veo de repente una abeja que aletea en la superficie de la balsa sin poder levantar el vuelo.
- Sé que le gustaba trepar a los árboles y comer sandías en las tabernas de soldados.
- Ellos sonrieron y pusieron delante de mí libros y periódicos que apoyaban esa revelación.
- Desconfío hondamente de la aparente superioridad de los perpetuos desdeñosos que siempre barren la fama hacia casa.

- Cuando bajan del escenario dependen de los encargados del *casting* que han de seleccionarlos.
- Aquella celebérrima plazuela es el mercado central adonde van todos los utensilios y cachivaches averiados por el tiempo.
- Los niños pequeños son egocéntricos porque no tienen la suficiente habilidad mental para entender a otras personas.
- Mi amigo pensó que su interlocutor había optado por ignorar la pregunta.
- Ahora hemos de tratar el elemento ambiental que más influye en la vida de los hombres.
- Todos estos lugares estaban como los dejó la época en la que los castillos mendocinos estaban habitados.
- Con el tiempo agrupamos en nuestra carpeta de "Favoritos" los blogs y los foros que nos interesan.
- Lo han elevado a altares universales en los que sólo se admite a quienes contribuyen a hacer que la Humanidad avance.
- Puede decirse que envejecer y ser dependiente en España es una condena que nos aleja del primer mundo al que supuestamente pertenecemos.
- Algún genio del *storytelling* político debió de inventar esa etiqueta que tanto éxito ha tenido y que todos repetimos cuando hablamos de los jóvenes golpeados por la crisis.
- Oleadas de cadáveres de refugiados dejan que las olas les den el único abrazo al que se les otorga derecho.
- Ortega nos recomendó que aprendiéramos de Alemania y abandonáramos el provincianismo, ese apego español a las costumbres y prejuicios.
- Cuando una mujer madura se queja de que ha alcanzado la edad de la invisibilidad, me siento tentada de decirle: quizá seas tú la que no ves.
- Está claro que los países en los que abunda esa división radical entre protegidos y desamparados son también aquellos en los que uno se siente más inseguro.
- Otros creen que la aparición de aquel grupo de *hooligans*, dirigidos por un loco, interrumpió el acceso a la normalidad que iba siguiendo la historia alemana.
- Suelos barnizados con aceite, alacenas, pedestales, camas de acero, para que traguemos quina las que vivimos en chozas de tierra.
- Ignoro si el copiloto, de cuyo nombre no quiero acordarme, causó el terrible accidente de avión.
- Asistir al festival de Salzburgo o al de Bayreuth y abanicarse elegantemente la mandíbula con el programa de mano […] es una forma de estar en el mundo de la cultura.
- Este joven periodista con aires anarquistas que […] se hizo famoso por el paraguas negro con el que paseaba por la calle de Alcalá había nacido en Monòver.
- Los padres que defienden la educación en casa interpretan que la ley fundamental no obliga a la escolarización.

- Ciertos grupos quieren que la naturaleza les dé la razón y la naturaleza se empeña en seguir sus particulares criterios de sensatez.
- Tenemos que tener cuidado con las palabras, que resultan engañosas cuando se repiten de modo machacón.

1.10 Preparando las oposiciones

Marca los verbos, y los nexos. Después analiza y justifica tu análisis:

Las enfermedades alérgicas han tomado tal relieve y extensión que los profanos en medicina ante cualquier síntoma sugieren o tratan de imponer al médico que les prescriba "pruebas alérgicas" de una manera indiscriminada y sin pensar que el diagnóstico de las enfermedades alérgicas se hace preferentemente por una buena historia clínica y por una adecuada exploración del enfermo.

2 Soluciones

2.1 Algo de morfología

1- a- No: adv; nos: pron; acercaremos; v; al; prep+det; nuevo: adj; recinto: n; ferial: adj; porque: conj; aún: adv; no:adv; está: v; preparado: adj.
b- Me: pron; dijo: v; que: conj; mañana: adv; por: prep; la: det; tarde: n; irían: v; Juan: n; y: conj; él: pron; a: prep; charlar: v; con: prep; algunos: pron.
c- Según: prep; las: det; mejores: adj; revistas: n; especializadas; adj; ese: det; videojuego: n; también: adv; necesita: v; mejoras: n.
d- Venía: v; conmigo: prep+pron; del: prep+det; instituto: n; cuando: conj; aquellos: det; amigos: n; tuyos: det; nos: pron; saludaron: v.
e- Lo: det; difícil: n (adjetivo sustantivado); era: v; decírselo: v+pron+pron; a: prep; tus: det; amigos: n; sin: prep; que: conj; se: pron; molestaran: v; los: det; suyos: pron.

2- a- Demasiado: adv indef; qué: det inter; bastantes: pron indef.
b- Suficiente: det indef; cuándo: adv inter; todos: det indef.
c- Algunos: pron indef; algo: pron indef; qué: pron inter; ciertos: det indef.

3- a- Coche bomba: loc nominal; junto a: loc prep; de forma que: loc conjuntiva (o *de forma* loc prep).
b- Por lo menos: loc adv; rumbo a: loc prep; con vistas a: loc prep; a tiempo: loc adv.
c- ¡Anda ya!: loc conj; mazo de: loc determinativa; de la leche: loc adj.
d- Yo mismo: loc pronominal; haría caso: loc verbal; a lo mejor: loc adv; tiene en cuenta: loc verbal.

4- *Viene a trabajar andando* no es perífrasis, porque el sujeto realiza de verdad la acción de venir. *Viene a costar tres euros* es perífrasis (modal de probabilidad) porque nadie realiza la acción de venir y el primer verbo sirve sólo para indicar que cuesta más o menos tres euros.
b- *Voy a dormir (ahora que estoy tumbado)* es perífrasis (aspectual ingresiva) porque el sujeto no se va a desplazar, así que el verbo *ir* ha perdido su significado original. En *Voy a estudiar a la biblioteca en bici* el verbo *ir* significa *desplazarse*, así que no hay perífrasis.
c- *Estoy subiendo la cuesta* es perífrasis (aspectual durativa), porque el verbo *estar* no dice dónde está nada y la única acción es subir. *La tienda está subiendo la cuesta* no forma perífrasis porque *estar* indica aquí estado y *subiendo la cuesta* dice dónde está.
d- *Fue localizado el emplazamiento* es una perífrasis de voz pasiva e implica la acción de localizar. En *Está localizado el emplazamiento* no hay ninguna acción: el verbo *estar* indica estado y el adjetivo es su cópula.

2.2 Sintagmas

1- a- *De respeto* a *pacto*; *con otras fuerzas políticas* a *pacto*.
b- *De respeto* a *pacto*; *a otras fuerzas políticas* a *respeto*.
c- *Sobre el negocio* a *información*; *de tus abuelos* a *negocio*; *desde su apertura* a *información*; *en noviembre* a *apertura*; *hasta su cierre* a *información*; *en abril* a *cierre*; *por la delegación* a *facilitada*; *de Hacienda* a *delegación*; *de Linares* a *delegación*.
d- *Al perdón* a *invitación*; *de las ofensas* a *perdón*; *por los líderes religiosos* a *invitación*; *del área* a *líderes*; *de los conflictos* a *área*.
e- *En Madrid* a *consecuencias*; *durante agosto* a *consecuencias*; *de la falta* a *consecuencias*; *de lluvia* a *falta*; *por el informe* a *reveladas*.

2-

Bastante alejados de la luz del sol para una buena iluminación.

Demasiado lejos de aquí para una temperatura agradable.

Demasiados en la clase para un aprovechamiento adecuado.

El poderoso Carlos I de España, emperador de Alemania, capaz de un ataque al mismísimo papa.

Aquel amplio dispositivo policial en Roquetas tras los graves disturbios raciales del pasado 25 de diciembre.

Det	S Adj-CN	N	S Adj-CN	SP-CN	E	SN-Térm			

(Análisis sintagmático por niveles: Det, S Adj-CN, N, S Adj-CN, SP-CN → SN)

Los parientes del pueblo mucho más cercanos a la familia de mis primos.

Det	N	SP-CN	S Adj-CN				

→ SN

Los parientes del pueblo más cercano a la sierra.

Det	N	SP-CN		

→ SN

Las inversiones en la cultura de la región durante los tres últimos años en toda la comunidad.

Det	N	SP-CN	SP-CN	SP-CN

→ SN

2.3 Sujeto, predicado y elementos oracionales

1- a- Las tormentas. b- Los premios. c- Impersonal (no tiene sujeto). d- Dudas. e- Vuestro peinado.

2-

Nos informaron del retraso por megafonía con mucha antelación.

		Det	N			Det	N
		E	SN-Térm	E	SN-Térm	E	SN-Térm
SN-CD	NP	SP-C Rég		SP-CC M		SP-CC M	
			SV-SPV				

O. Simple SO: Ellos

Se lo preguntó demasiado tarde.

			SAdvCAdv	N
SN-CI	SN-CD	NP	S Adv-CC M	
			SV-SPV	

O. Simple SO: Ella

Fueron denunciados por la mañana por los vecinos por corrupción.

NP	SP-CC Tpo	SP-C Ag	SP-CC causa
	SV-SPV		

O. Simple SO: Ellos

Nombraron presidente a Juan los vecinos.

NP	SN-C Pvo	SP-CD	Det	N
	SV-SPV		SN-Suj	

O. Simple

Escribimos todos los acampados una carta de agradecimiento a los monitores.

						E	SN-Térm	Det	N
					Det	N	SP-CN	E	SN-Térm
NP	Det	Det	N		SN-CD			SP-CI	
SV-SPV	SN-Suj				SV-SPV				

O. Simple

No recordó nadie el día de mi cumpleaños.

				Det	N
			E	SN-Térm	
		Det	N	SP-CN	
S Adv CC neg	NP	SN-CD			
SV-SPV	SN-Suj	SV-SPV			

O. Simple

Puso en espera a los clientes enfadados.

		Det	N	S Adj-CN
	E	SN-Térm		
NP	S Adv-CC M	SP-CD		
	SV-SPV			

O. Simple SO: Ella

Díselo a tu hermano Pedro enseguida.

			Det	N	SN-Apos	
		E	SN-Térm			
NP	SN-CI	SN-CD	SP-CI duplicado			S Adv-CC T
			SV-SPV			

O. Simple SO: Tú

Llegamos de la excursión muy cansados los novatos.

		Det	N				
	E	SN-Térm		SAdvCAdj	N		
NP	SP-CC L			S Adj-C Pvo	Det	N	
	SV-SPV					SN-Suj	

O. Simple

Nos lo prometieron bien planchado.

			SAdv CAdj	N
SN-CI	SN-CD	NP	S Adj-C Pvo	
		SV-SPV		

O. Simple SO: Ellos

Me habló entusiasmado de su colaboración en la ONG.

				Det	N
				E	SN-Térm
		Det	N	SP-CN	
		E	SN-Térm		
SN CI	NP	S Adj-C Pvo	SP-C Rég		
SV-SPV					
O. Simple SO: Él					

El coche lo arrancó con unas pinzas.

			Det	N
Det	N		E	SN-Térm
SN-CD dupl. SN CD	NP	SP-CC Inst.		
SV-SPV				
O. Simple SO: Él				

Nos alegra el éxito de tu empresa.

				Det	N
				E	SN-Térm
SN CD o CI	NP	Det	N	SP-CN	
SV-SPV	SN-Suj				
O. Simple					

Os lo prestaron vuestros primos durante cinco años.

				Det	N
				E	SN-Térm
SN CI	SN CD	NP	Det	N	SP-CC T
SV-SPV	SN-Suj	SV-SPV			
O. Simple					

Subían la montaña agotados.

	Det	N	
NP	SN-CD	S Adj-C Pvo	
SV-SPV			
O. Simple SO: Ellos			

Os indicó el camino a casa muy contento.

			E	SN Térm		
	Det	N	SP-CN	SAdvCAdj	N	
SN CI	NP	SN-CD	S Adj-C Pvo			
SV-SPV						
O. Simple SO: Él						

Le obligó el cabezazo al portero a una difícil estirada.

			N	Det	S Adj CN	N
			E SN-Térm	E	SN-Térm	
SN CD	NP	Det	N	SP-CD dupl	SP-C Rég	
SV-SPV	SN-Suj			SV-SPV		
O. Simple						

Puso enfadados a los clientes.

		Det	N
		E	SN-Térm
NP	S Adj-C Pvo	SP-CD	
SV-SPV			
O. Simple SO: Él			

Lo encontraron escondido en un rincón a pesar de la falta de luz.

				Det	N			E	SN/Térm
			E	SN-Térm		Det	N	SP-CN	
		N	SP-C Adj		E	SN-Térm			
SN-CD	NP	S Adj-C Pvo			SP-CC Concesión				
				SV-SPV					
				O. Simple SO: Ellas					

Hubo muchos atascos a causa de la lluvia.

				Det	N
	Det	N	E	SN-Térm	
NP	SN-CD		SP-CC Causa		
		SV-SPV			
		O. Simple Impersonal			

Soñaba con un viaje al extranjero.

				Det	N
			E	SN-Térm	
		Det	N	SP-CN	
	E		SN-Térm		
NP		SP-C Rég			
		SV-SPV			
		O. Simple SO: Ella			

Convocó a los afectados a una manifestación.

	Det	N	Det	N
	E	SN-Térm	E	SN-Térm
NP	SP-CD		SP-C Rég	
	SV-SPV			
	O. Simple SO: Ella			

3- a- pvo; b: pvo; c- cop; d- pvo; e- pvo; f: cop; g: cop; h cop

4-

Nos está prohibida toda manifestación de protesta.

					E	SN-Térm
SN-CI	Cóp	S Adj-Atrib	Det	N	SP-CN	
	SV-SPN			SN-Suj		
		O. Simple				

Nos fueron prohibidas todas las manifestaciones de protesta.

					E	SN-Térm
SN-CI	NP	Det	Det	N	SP-CN	
	SV-SPN			SN-Suj		
		O. Simple				

Os hubiera sido más fácil la otra opción.

		SAdv CAdj	N			
SN CI	Cóp	S Adj-Atrib	Det	Det	N	
	SV-SPN			SN-Suj		
		O. Simple				

Habían estado dos meses escondidos en la cueva.

				Det	N	
				E	SN-Térm	
	Det	N	N	SP-C Adj		
Cóp	SN-CC T		S Adj-Atrib			
	SV-SPN					
	O. Simple SO: Ellos					

```
Están en 4º de ESO los (chicos) del pelo rubio.
                    E   SN
                        Térm
           N   SP-CN           Det  N    S Adj
           E   SN-Térm          E  SN-Térm  CN
   NP     SP-CC           Det   N     SP-CN
        SV-SPV                  SN-Suj
                      O. Simple
```

```
No parece un problema difícil.
                 Det    N       S Adj-CN
   S Adv    Cóp        SN-Atrib
   CC neg
              SV-SPN
           O. Simple SO: Ése
```

5- a- <u>Hala</u>, no lo flipes, <u>Manolo</u> (voc).
b- <u>La verdad</u>, no esperaba verte aquí.
c- Tómate la sopa, <u>por favor</u>, <u>Ana</u> (voc).

d- No estaban cuando llegamos, <u>por suerte</u>.
e- Eso no es, <u>en mi opinión</u>, acertado.

2.4 Pronombres personales átonos

1- a- Él no se encontraba a sí mismo. No es reflexivo. Vm.
b- Cada uno se bañaba a sí mismo, podía bañar a otro y lo hacía conscientemente. PRef CD.
c- Me cambié de ropa a mí mismo, podía haber cambiado a otro y lo hice conscientemente. PRef CD.
d- Te maquillaste la cara a ti misma, podías haber maquillado a otro y la acción fue consciente. PRef CI.
e- Me afeité a mí mismo, podía haber afeitado a otro y la acción fue consciente. PRef CD.
f- No puedo lamentar a otro de algo, así que no es PRef. Pron.
g- Ellos no marcharon a otro de Madrid. Pron.
h- Él se matriculó a sí mismo, podría haber matriculado a otro y lo hizo conscientemente. PRef CD.
i- No se equivocó conscientemente, fue algo que le ocurrió. Vm.
j- Se echó a sí mismo, podía haber echado a otro, o haber echado una cosa, y fue una acción consciente. PRef CD.

2 a- Se mofaba de todos: mofarse es una acción consciente que no se puede realizar sobre otro. Pronominal.
b- Se encontraron tres monedas: si entendemos que fueron encontradas, pas ref. Si entendemos que ellos se las encontraron por azar, vm.
c- Se propusieron triunfar: pron.
d- Se negaron a comparecer: pron.
e- Me relajé mucho: vm.
f- Te quedaste dormido: vm.
g- Te quedaste en la playa: pron.

h- Te volviste más sensato: vm.
i- Te volviste de Murcia: pron.
k- Se burlaron de ellos: pron.
l- Se empeñaron en regresar: pron.
m- Se amañaron los partidos: pas ref.
n- Nos merendamos tres bocadillos: dat ét.
ñ- Se lo juré: *se* sustituto de *le*, CI, *lo* CD.

3- Analiza sintácticamente.

El informe se refiere a las últimas ventas.
Det	N	NP pron	Det	Det	N
			E	SN-Térm	
SN-Suj			SP-C Rég		
		SV-SPV			
O. Simple					

La ropa se seca al sol.
- Det N NP vm Det N / E SN-Térm / SP CC M
- SN-Suj SV-SPV
- O. Simple

Los cheques se pagan en esa oficina.
- Det N NP pas ref Det N / E SN-Térm / SP-CC
- SN-Suj SV-SPV
- O. Simple

El piloto se chocó contra la valla.
- Det N NP vm Det N / E SN-Térm / SP-C Rég
- SN-Suj SV-SPV
- O. Simple

Se repararon todos los grifos.
- NP pas ref Det Det N
- SV-SPV SN-Suj
- O. Simple

Siempre se ayudan entre sí.
- S Adv-CC T PRec CD NP E SN Térm / SP-C Pvo
- SV-SPV
- O. Simple SO: Ellos

Se premió a los mejores estudiantes.
- NP imp Det S Adj-CN N / E SN-Térm / SP-CD
- SV-SPV
- O. Simple

Se tiñó el pelo de verde.
- PRef CD NP Det N E SN-Térm / SN-CD SP-CC M
- SV-SPV
- O. Simple SO: Él

No se le paga para eso.
- S Adv CC neg NP imp SN ci/cd NP imp SP-CC fin
- SV-SPV
- O. Simple

No te me pongas chulo.
- S Adv CC neg NP pron SN Dat ét NP pron S Adj C Pvo
- SV-SPV
- O. Simple SO: Tú

Se ha registrado un terremoto.
- NP pas ref Det N
- SV-SPV SN-Suj
- O. Simple

Se ha registrado a los sospechosos.
- NP imp Det N / E SN-Térm / SP-CD
- SV-SPV
- O. Simple

En *No se le paga para eso*, *le* puede ser directo si entendemos que él es pagado e indirecto si entendemos que lo pagado es dinero. En *No te me pongas chulo* hay dos usos especiales: *te pongas* es pronominal y *me* dativo ético.

4- Inventa un contexto en el que…
a- El *se* de *Se lanzaron al río* sea PRef CD: Ellos se lanzaron al río.
b- El *se* de *Se lanzaron al río* sea pas ref: Se lanzaron al río barcas salvavidas.
c- El *se* de *Se presentó en la oficina* sea pronominal: Se presentó en la oficina por sorpresa.
d- El *se* de *Se presentó en la oficina* sea PRef CD: Se presentó en la oficina a sus compañeros.
e- El *se* de *Se esperan* sea pas ref: Se esperan grandes cambios en política.
f- El *se* de *Se esperan* sea PRec CD: Ellos se esperan el uno al otro.

2.5 Yuxtapuestas y coordinadas

1- Respuesta personal.
2- Explicación 1. Cuando *aunque* va con indicativo une coordinadas adversativas. Cuando va con verbo en subjuntivo introduce PSAdv concesivas. Explicación 2. Puedo decir *No lo dice, pero está cansado*; sin embargo, no puedo decir **No lo diría, pero estuviera cansado*. Como el primer *aunque* puede sustituirse por *pero*, une dos adversativas. Explicación 3. En el segundo caso, estoy uniendo un verbo en subjuntivo con uno en indicativo. Esa relación nunca puede ser coordinante (sólo podemos coordinar verbos que van en el mismo modo).
3-

Tan pronto presume de rico como se queja de la crisis.

	NP	SP-C Rég		NP pron	SP-C Rég
	SV-SPV			SV-SPV	
NXO	P1 O. Simple SO: Él	NXO	P2 O. Simple SO: Él
O. Compuesta Coord Dist			

Conócete a ti mismo: es el secreto de la felicidad.

NP	PRef CD	SP-CD dupl	Cóp	SN-Atrib
SV-SPV			SV-SPN	
P1 O. Simple SO: Tú		P2 O. Simple SO: Ése		
O. Compuesta Yuxt				

O se lo dices o se equivocará.

SN Cl	SN CD	NP		NP vm
SV-SPV			SV-SPV	
NXO	P1 O. Simple SO: Tú	NXO	P2 O. Simple SO: Él
O. Compuesta Coord Disy			

No sólo me saludó, sino que también me presentó a sus amigos.

SN CD	NP		S Adv-CC af	SN CD o CI	NP	SP CD o CI
SV-SPV			SV-SPV			
NXO	P1 O. Simple SO: Él	NXO	P2 O. Simple SO: Él			
O. Compuesta Coord Copul						

4-

Sonaban muy alto y demasiado fuerte.

	SAdv CAdv	N		SAdv CAdv	N
	SAdv 1	NXO		SAdv 2	
NP	S Adv-CC				
SV-SPV					
O. Simple SO: Esas cosas					

Vienen de Jaén y de Cádiz.

	SP1	nexo cop	SP2
NP	SP-CC L		
SV-SPV			
O. Simple SO: Ellos			

¿Quieres huevos fritos o filete con patatas?

	N	SAdj CN	N	SP CN
	SN 1	NXO	SN 2	
NP	SN-CD C. disy.			
SV-SPV				
O. Simple SO: Tú				

Con fabes y sidrina no hace falta gasolina.

	SN 1	NXO	SN 2			
E	SN-Térm					
SP-CC M		S Adv CC neg	NP			
SV-SPV				SN-Suj		
O. Simple						

Es demasiado conspicuo, es decir, excesivamente notorio.

SAdv CAdj	N		SAdv CAdj	N
SAdj 1		NXO	SAdj 2	
Cóp	S Adj-Atrib C. explic.			
SV-SPN				
O. Simple SO: Él				

Compra lentejas, judías y muchas acelgas.

			Det	N
	SN 1	SN 2 NXO	SN 3	
NP	SN-CD			
SV-SPV				
O. Simple SO: Tú				

```
Parecía humilde y de buenos modales.                    Lo quiero vivo o muerto.
                    SAdj CN    N                                     SAdj  NXO  SAdj 2
              E          SN-Term                           SN              1
         SAdj            SP                                CD     NP      S Adj-C Pvo
   Cóp            Atrib                                         SV-SPV
         SV-SPN                                            O. Simple SO: Yo
       O. Simple SO: Ella
```

2.6 Proposiciones subordinadas adjetivas

1-a- *Nos acordamos al final del cual era jueves. Imposible encontrar antecedente. No hay adjetiva.

b- Nos acordamos del final el cual habíamos imaginado: <u>que habíamos imaginado</u>. Antecedente: final.

c- Lo entregamos el día (en) el cual nos llamaste: <u>que nos llamaste</u>. Antecedente: día.

d- *Lo entregamos al cual nos dijiste. Imposible encontrar antecedente. No hay adjetiva.

e- *Estrenaron la película en la cual anunciaban. Imposible encontrar antecedente. No hay adjetiva.

f- Me gustó el cine en el cual ponían la película: <u>donde ponían la película</u>. Antecedente: cine.

g- Bailó aquella canción la cual está de moda: <u>que está de moda</u>. Antecedente: canción.

h- Lo puso en el armario en el cual le dije: <u>donde le dije</u>. Antecedente: armario.

2-a Antec *agua*, relat *la que*. *El pueblo se abastece <u>de agua</u>*: el relativo es pronombre y forma parte del CRég.

b- Antec *pastor*, relat *cuyas*. *Compraste <u>sus</u> ovejas*: el relativo es determinante y forma parte del SN CD. Al ser determinante, el relat no puede ser sustituido por su antecedente y sí por un determinante posesivo.

c- Antec *fiesta*, relat *que*. *<u>La fiesta</u> se organiza en el instituto*: el relat es pronombre y núcleo del SNS.

d- Antec *feria*, relat *donde*. *Venden caballos <u>en la feria</u>*: el relat es adverbio y núcleo del CCL.

e- Antec *personas*, relat *quienes*. *Confío más <u>en esas personas</u>*: el relat es pron y forma parte del SPrep CRég.

f- Antec *orquesta*, relat *la que*. *Es director <u>de la orquesta</u>*: el relat es pronombre y forma parte del SPrep CN (complementa a *director*).

g- Antec *novela*, relat *la que*. *Se muestra más contento <u>de esta novela</u>*: el relat es pron y forma parte del SPrep CAdj (complementa a *contento*).

h- Antec *amigos*, relat *quienes*. *Hicimos el viaje con esos amigos*: el relat es pron y forma parte del SPrep CCcomp.

Me envió el cuadro del que parece más contento.

			E SN / Térm nexo		
			SP-C Adj	SAdv CAdj	N
			S Adj-Atrib	Cóp	S Adj-Atrib
				SV-SPN	
	Det	N	Prop Sub Adj-CN SO: Él		
SN CI	NP		SN-CD		
			SV-SPV		
		O. Compuesta SO: Él			

Desconfío del argumento al que apelas.

			E SN / Térm nexo	
			SP C Rég	NP
			SV-SPV	
	Det	N	Prop Sub Adj-CN SO: Tú	
	E		SN-Térm	
NP			SP-C Rég	
			SV-SPV	
		O. Compuesta SO: Yo		

Animaste a los corredores con quienes te habías desplazado allí.

			E SN / Térm nexo		
			SP-CC comp	PRef CD	NP	SAdv CCL
			SV-SPV		
	Det	N	Prop Sub Adj-CN SO: Tú		
	E		SN-Térm		
NP			SP-CD		
			SV-SPV		
		O. Compuesta SO: Tú			

Sufrieron un atentado cuyas consecuencias fueron devastadoras.

		Det nexo	N	Cóp	S Adj-Atrib
			SN-Suj	SV-SPN
	Det	N	Prop Sub Adj-CN	
NP			SN-CD	
			SV-SPV	
		O. Compuesta SO: Ellos		

Se manifestaron contra las medidas que se habían tomado.

				NP pas ref
			SNS nexo	SV-SPV
		Det	N	Prop Sub Adj-CN
	E		SN-Térm	
NP pron			SP-C Rég	
			SV-SPV	
		O. Compuesta SO: Ellos		

Se dirigieron a la estación de donde salían los autobuses.

			E SAdv / Térm nexo		
			SP-CC L	NP	Det	N
			SV-SPV		SN-Suj
	Det	N	Prop Sub Adj-CN		
	E		SN-Térm		
NP pron			SP-CC L		
			SV-SPV		
		O. Compuesta SO: Ellos			

Ficharon al entrenador del que Antonio es buen amigo.

			E SN / Térm nexo	
			SP-CN	S Adj CN	N
			SN-Atrib	Cóp	SN-Atrib
			SV-SPN	SN-Suj	SV-SPN
		N	Prop Sub Adj-CN	
	E		SN-Térm	
NP			SP-CD	
			SV-SPV	
		O. Compuesta SO: Ellos		

La beca a la que renunció parecía muy completa.

		E SN / Térm nexo		
		SP-C Rég	NP	
		SV-SPV	SAdv CAdj	N
Det	N	Prop Sub Adj-CN SO: Él	Cóp	S Adj-Atrib
SN-Suj			SV-SPN	
		O. Compuesta		

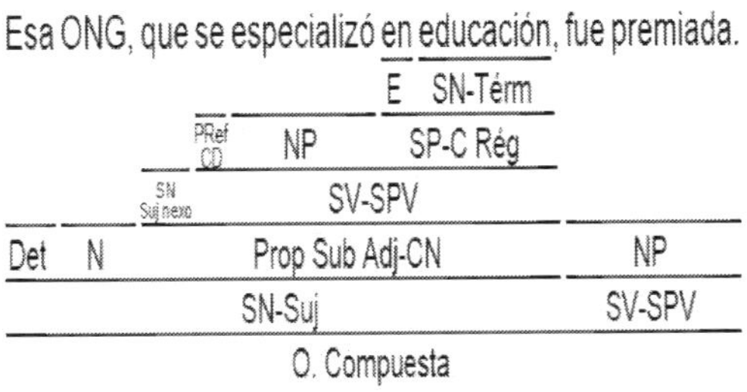

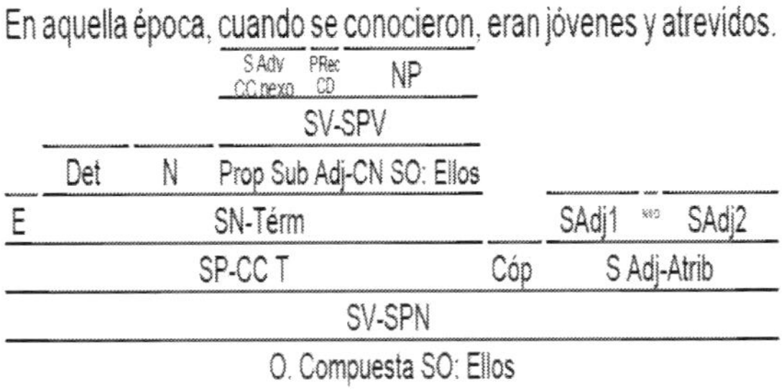

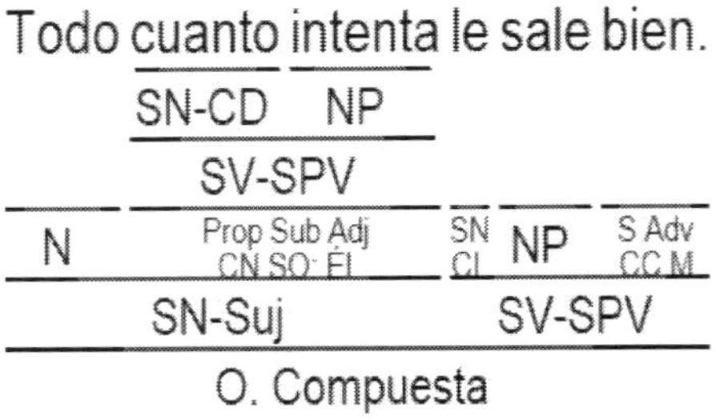

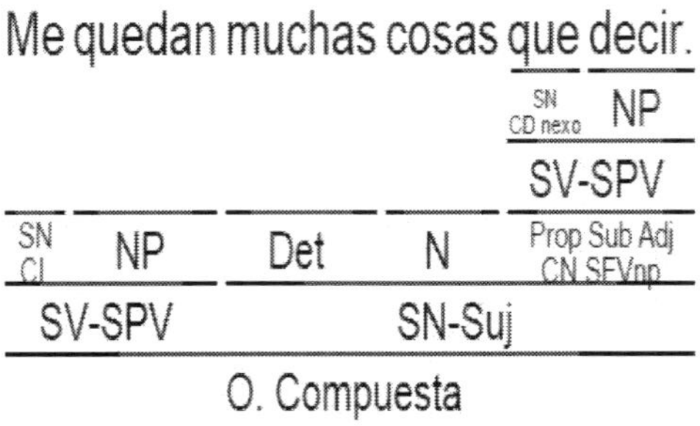

[Diagrama: Esa ONG, que se especializó en educación, fue premiada.]

[Diagrama: En aquella época, cuando se conocieron, eran jóvenes y atrevidos.]

[Diagrama: Todo cuanto intenta le sale bien.]

[Diagrama: Me quedan muchas cosas que decir.]

2.7 Proposiciones subordinadas sustantivas

1- a- *Explícame bien una cosa*. Funciona como sustantiva. Conjunción: *si*.
b- **Explícame bien tu paradero una cosa*. No es sustantiva.
c- *Se animó a una cosa*. Funciona como sustantiva. Sin conjunción.
d- *No sé una cosa*. Funciona como sustantiva. Sin conjunción.
e- **Se animó al una cosa*. No es sustantiva.
f- *Me encanta una cosa*. Funciona como sustantiva: PSAdjSust. Sin conjunción.
g *Averiguó una cosa*. Funciona como sustantiva. Sin conjunción.
f- **Propusieron tantas ideas una cosa*. No es sustantiva.
g- *Propusieron una cosa*. Funciona como sustantiva. Conjunción. *que*.
h *Estudian una cosa*. Funciona como sustantiva. Sin conjunción.

2- a- *Quiénes*. Pronombre. Forma parte del SP atributo. Su proposición es CD.
b- *Qué*. Determinante. Forma parte del SP CI. Su proposición es CD.
c- *Dónde*. Adverbio. Forma parte del SP CCL. Su proposición es sujeto (mira las oraciones ecuativas).
d- *Cuándo*. Adverbio. Forma parte del CCL (o CRég). Su proposición es CD.
e- *Qué*. Pronombre. Forma parte del SP CCfin. Su proposición es CRég.
f- *Cuántos*. Determinante. Determina al nombre *días* y juntos forman el sujeto. Su proposición es sujeto (mira la oraciones ecuativas).

g- *Cómo*. Adverbio. Forma el SAdv CCM. Su proposición es CRég.
h- *Cuán*. Adverbio. Complementa al adjetivo *feliz*. Juntos forman un SAdj PVO. Su proposición es sujeto.
i- *Quién*. Pronombre. Es el sujeto de su proposición. No introduce una proposición subordinada: se trata de una interrogativa directa.
j *Qué*. Det. Determina al nombre *concurso*. Juntos, con la preposición, forman el CRég. Su proposición es CD.

3- Localiza los relativos. Señala su categoría, su función en la proposición, si introducen una PSAdj o una PSAdj Sust y la función que realiza la proposición que introduce.
a- *Los que*. Pronombre. Sujeto. Introduce PSAdjSust CD.
b- *Que*. Pronombre. Sujeto. Introduce PSAdj CN.
c- *Lo que*. Pronombre. CD. Introduce PSAdjSust CAdj.
d- *Quienes*. Pronombre. Sujeto. Introduce una PSAdjSust CAg.
e- *La que*. Pronombre. CRég. Introduce una PSAdj CN.
f- *Quienes*. Pronombre. Sujeto. Introduce una PSAdjSust CRég.
g- *Quienes*. Pronombre. Sujeto. Introduce una PSAdjSust CAdv.
h- *Los que*. Pronombre. CRég. Introduce una PSAdj CN.
i- *Los que*. Pronombre. Sujeto. Introduce una PSAdjSust CI.
j- *Lo que*. Pronombre. Atributo. Introduce una PSAdjSust Atrib.

4- En *Me ocupo de quien tenía los cuadros* me ocupo de una persona, de la persona que tenía los cuadros. Se trata de un SP CRég que contiene una PSAdjSust. En *Me ocupo de quién tenía los cuadros* me ocupo de una cosa, de una tarea: de averiguar quién tenía los cuadros. Se trata de un SP CRég que contiene una PSS.

5- Subraya las subordinadas y di si son sustantivas. Si lo son, escribe su función.
a- Me permitió <u>quedarme con ella</u>. PSS CD.
b- Se atrevió a <u>salir solo</u>. PSS. Con la preposición *a* forma el SP CRég.
c- <u>Hacer deporte</u> es saludable. PSSS.
d- Volvió de Bolivia a <u>ayudarme</u>. Se puede analizar de dos formas: como PSS dentro del SP CCfin, o como PSAdvfin. Pregunta a tu profesor.
e- Se contentó con <u>avisarla</u>. PSS. Con la preposición *con* forma el SP CRég.
f- Es difícil de <u>asustar</u>. PSS. Con la preposición *de* forma el SP CAdj.
g- Avisa antes de <u>venir</u>. Se puede analizar de dos formas: como PSS dentro del SP CCfin, o como PSAdvT. Pregunta a tu profesor.
h- Es la persona encargada de <u>abrir</u>. PSS. Con la preposición *de* forma el SP CAdj.

6-

¿Te molestaría peinarte con ese cepillo, por favor?

		NP	PRef CD	SP CCinst	
SN CD o CI	NP			SPV	
SV-SPV		PSS S SFVnp			SP-C Orac
O. Compuesta					

Avísame de quién se ocupará del taller.

			NP pron	SP-C Rég
	SN Suj nexo		SV-SPV	
	E		Prop Sub Sust-Térm	
NP	SN CD		SP-C Rég	
SV-SPV				
O. Compuesta SO: Tú				

Sinceramente, no sé si se admitirán mis quejas.

			NV pas ref	det	N
		nexo	SPV	SNS	
	S Adv CC neg	NP	PSS CD		
S Adv-C Orac			SV-SPV		
O. Compuesta SO: Yo					

A quienes te lo pregunten los remites a mí.

	SN CI	SN CD	NP		
SN-Suj nexo			SV-SPV		
E	Prop Sub Adj Sust-Térm				E	SN Térm
SP-CI dupl				SN CD	NP	SP CI dupl
SV-SPV					
O. Compuesta SO: Tú					

No le daba importancia a que se le expulsara.

			NP SN imp CD	NP imp	
			NXO	SV-SPV	
		E	Prop Sub Sust-Térm		
S Adv CC neg	SN CI	NP	SN-CD	SP-CI dupl	
SV-SPV					
O. Compuesta SO: Él					

¿Sabes qué mentiras se cuentan de ti?

	Det nexo	N	NP pas ref	SP C Rég
		SN-Suj		SV-SPV
NP		Prop Sub Sust-CD		
SV-SPV				
O. Compuesta SO: Tú				

No es tu problema lo que piensen los demás.

	Det	N		SN CD nexo	NP	Det	N
S Adv CC neg	Cóp	SN-Atrib		SV-SPV		SN-Suj	
SV-SPN			Prop Sub Adj Sust-Suj				
O. Compuesta							

De las que se perdieron aún no se sabe nada.

		NP vm		
	SN Suj nexo	SV-SPV		
E	Prop Sub Adj Sust-Térm			
SP-C Rég			S Adv CC T	S Adv CC neg	NP pas ref
SV-SPV					SN-Suj
O. Compuesta					

¿De dónde vienen las que se guardan en esas cajas?

E	S Adv Térm nexo			NP pas ref	SP-CC L
SP-CC L		NP	SN Suj nexo	SV-SPV	
SV-SPV				Prop Sub Adj Sust-Suj	
O. Compuesta					

No sabía a qué atenerse.

	E	SN Térm nexo		
		SP C Rég		NP pron
		SV-SPV		
S Adv CC neg	NP		Prop Sub Sust CD SFVnp	
SV-SPV				
O. Compuesta SO: Ella				

Me explicó por dónde salir.

	E	S Adv
		Térm nexo
	SP-CC L	NP
	SV-SPV	
SN CI	NP	Prop Sub Sust CD SFVnp
	SV-SPV	
O. Compuesta SO: Ella		

¿Recuerdas por qué llegó tan cansado, Víctor?

	E	SN Térm nexo	SAdv CAdj	N
	SP CC causa	NP	S Adj-C Pvo	
	SV-SPV			
NP	Prop Sub Sust-CD SO: Él			
	SV-SPV			C Orac SN Voc
O. Compuesta SO: Tú				

Imagino cuánto habrá sufrido.

	S Adv CC cant	NP
	SV-SPV	
NP	Prop Sub Sust-CD SO: Él	
	SV-SPV	
O. Compuesta SO: Yo		

Se enteró de con quién tenía que entrevistarse.

	E	SN Térm nexo	
	SP-C Rég		NP pron
	SV-SPV		
	E	Prop Sub Sust-Térm SO: Ella	
NP vm	SP-C Rég		
SV-SPV			
O. Compuesta SO: Ella			

Reparó cuantas pudo.

	SN-CD nexo	NP
	SV-SPV	
NP	Prop Sub Adj Sust CD SO: Ella	
	SV-SPV	
O. Compuesta SO: Ella		

Eres responsable de a quién dejas las cosas.

		E	SN Térm nexo	Det	N
		SP-CI	NP	SN-CD	
		SV-SPV			
		E	Prop Sub Sust-Térm SO: Tú		
	N		SP-C Adj		
Cóp		S Adj-Atrib			
SV-SPN					
O. Compuesta SO: Tú					

Le dio cuantos consejos pudo.

	Det nexo	N	
	SN-CD		NP
	SV-SPV		
SN CI	NP	Prop Sub Adj Sust-CD SO: Él	
	SV-SPV		
O. Compuesta SO: Ella			

Se acordaba de a quién llamar en caso de incendio.

	E	SN Térm nexo		E	SN-Térm
	SP-CD		NP	SP-CC condic	
	SV-SPV				
	E	Prop Sub Sust-Térm SFVnp			
NP vm		SP-C Rég			
	SV-SPV				
O. Compuesta SO: Ella					

En *Reparó cuantas pudo* y *Le dio cuantos consejos pudo*, debes imaginar *Reparó cuantas pudo (reparar)* y *Le dio cuantos consejos pudo (darle)* para comprender mejor la función de *cuantas* y *cuantos consejos*.

2.8 Proposiciones subordinadas adverbiales

1- Subraya las proposiciones subordinadas. Indica de qué tipo son y su función.
a- Lo puse donde me dijiste. PSAdvL
b- Lo puse en el armario donde me dijiste. PSAdj CN.

c- Dime <u>dónde lo pusiste</u>. PSS CD.
d- <u>Aunque la mona se vista de seda</u>, mona se queda. PSAdv conces.
e- Son coordinadas adversativas.
f- Ven, <u>que te peine</u>. PSAdv final.
g- <u>Como lo digas</u> me enfadaré. PSAdv condic.
h- <u>Como lo dijiste</u> me enfadé. PSAdv causa.
i- <u>Como lo dijiste</u>, fue la mejor manera. PSAdvM.
j- El modo <u>como lo dijiste</u> me pareció oportuno. PSAdj CN.
k- Frena mejor <u>que el tuyo</u>. PSAdv compar.
l- Frenó tan bruscamente <u>que las ruedas chirriaron</u>. PSAdv consec intensiva.

2- Aunque son respuestas personales, aquí tienes unos ejemplos.

a- Lo cosí como tú (PSAdvM). Cosí tanto como tú (PSAdv compar). Como no lo cosas se romperá del todo (PSAdv condic). Como lo cosiste bien, aguantó (PSAdv causa). Lo cosí del modo como dijiste (PSAdj). Dime cómo coserlo (PSS).

b- Dime que me esperarás (PSS). El amigo que me espera es gaditano (PSAdj). No te columpies en la silla, que te caerás (PSAdv causa). Que tienes prisa, pues corre (PSAd condic). Vio tanta ropa que no sabía decidirse (PSAv consec intens). Es más estudios que sus primos (PSAdv compar)

c- Estudia donde puede (PSAdvL). Es la habitación donde estudia (PSAdj). Averigua dónde estudia (PSS).

3-

Iba feliz por la calle, acordándose de ti.

Como se portaba bien con todos, se le consideraba una buena persona.

Aun conociendo la respuesta, se calló.

Me he comprometido a concentrarme en el proyecto.

Se presentó en la oficina a quejarse de su salario.

		Det	N		NP pron	SP-C Rég
		E	SN-Térm	NXO		SV-SPV
NP pron		SP-CC L		Prop Sub Adv-CC Fin SFVnp		
		SV-SPV				
		O. Compuesta SO: Él				

Aunque la mona se vista de seda, mona se queda.

	Det	N	PRef CD	NP	SP-CC M
NXO	SN-Suj			SV-SPV	
Prop Sub Adv-CC Conc				SN C.Pvo	NP vm
SV-SPV					
O. Compuesta SO: La mona					

Se encuentran auténticos chollos donde estaba el polígono.

			NXO	SV-SPV	SN-Suj
NP pas ref o vm	S Adj-CN	N	Prop Sub Adv-CC Lug		
SV-SPV	SN-Suj		SV-SPV		
		O. Compuesta			

En cuanto se despierte se lo entregaremos preparado para su uso

NP vm					E	SN-Térm
NXO	SV-SPV				N	SP-C Adj
Prop Sub Adv-CC T SO: Él	SN CI	SN CD	NP		S Adj-C Pvo	
			SV-SPV			
		O. Compuesta SO: Nosotros				

Ese tío sabe más que nadie.

			NXO	SN-Suj
		N	Prop Sub Adv Comp C del Cuant	
Det	N	NP	S Adv-CC Cant	
SN-Suj			SV-SPV	
		O. Compuesta		

Aunque se lucha contra la violencia no se obtienen los resultados deseados.

			Det	N			
			E	SN-Térm			
	NP imp	SP-C Rég	S Adv CC neg	NP pas ref	Det	N	S Adj-CN
	SV-SPV			SV-SPV		SN-Suj	
NXO advers	P1 O. Simple			P2 O. Simple			
			O. Compuesta				

Una vez firmadas las escrituras no puedes echarte atrás.

S Adv-CC T	NP	Det	N		
SV-SPV		SN-Suj			
Prop Sub Adv-CC T		S Adv CC neg		NP pron	
		SV-SPV			
		O. Compuesta SO: Tú			

Siempre que se expliquen las cosas bien, se puede llegar a un acuerdo.

	NP pas ref	Det	N	S Adv CC M		Det	N
NXO	SV-SPV	SN-Suj		SV SPV		E	SN-Térm
Prop Sub Adv-CC Cond					NP imp	SP-C Rég	
			SV-SPV				
		O. Compuesta					

Al tomar esa decisión ya conocías sus consecuencias.

NXO	NP	SN-CD		
	SV-SPV			
Prop Sub Adv-CC T	SFVnp	S Adv CC T	NP	SN-CD
		SV-SPV		
	O. Compuesta SO: Tú			

Tanto va el cántaro a la fuente que al final se rompe.

				S Adv CC T	NP vm
	Det	N	NXO	SV-SPV	
N	E	SN-Térm	Prop Sub Adv Consec C del Cuant SO: El cántaro		
S Adv CC cant	NP	Det	N	SP-CC L	S Adv-CC cant
SV-SPV	SN-Suj			SV-SPV	
		O. Compuesta			

Parece peor que la de atrás.

			Det	SP-CN	
				NXO	SN-Suj N omit
		N		Prop Sub Adv Comp C del Cuant	
Cóp		S Adj-Atrib			
SV-SPN					
O. Compuesta SO: Ésa					

Se estropearon las luces, así que tuvimos que volver a oscuras.

			NP	S Adv-CC M
		NXO	SV-SPV	
NP vm	Det	N	Prop Sub Adv-CC Consec Ilativa SO: Nosotros	
SV-SPV	SN-Suj	SV-SPV		
O. Compuesta				

Se desencadenó la tormenta, tal y como se anunció.

				NP pas ref
			NXO	SV-SPV
NP vm	Det	N	Prop Sub Adv-CC Modo SO: Eso	
SV-SPV	SN-Suj	SV-SPV		
O. Compuesta				

Se desencadenó el prisionero como si fuera fácil.

			Cóp	S Adj Atrib
			NXO	SV-SPN
PRef CD	NP	Det	N	Prop Sub Adv CC Modo - condic SO: Eso
SV-SPV	SN-Suj	SV-SPV		
O. Compuesta				

No lo hizo como tú (lo hiciste).

			NXO	SN Suj	SV-SPV
S Adv CC neg	SN CD	NP	Prop Sub Adv-CC Modo		
SV-SPV					
O. Compuesta SO: Ella					

No por mucho madrugar amanece más temprano.

	S Adv CC cant	NP		
	NXO	SV-SPV	SAdv Cadv	N
S Adv CC neg	Prop Sub Adv CC Conc -causal SFVnp	NP imp	S Adv-CC M	
SV-SPV				
O. Compuesta				

4- Para razonar el análisis de *Hace como si os conociera* consultamos el DRAE. La acepción 27 dice que *hacer* puede significar, como verbo transitivo, *Simular, aparentar algo*, y pone como ejemplo *Hace que trabaja*. En este caso la subordinada es sustantiva. No supone ningún problema que lleve delante *como*. Ya vimos que sucedía igual en *Hace como que no lo sabe*, y teníamos una PSS. Sin embargo, la acepción 39 lo define como verbo intransitivo: *Obrar, actuar, proceder*, y pone como ejemplo *Creo que hice bien*. Si es intransitivo, no puede llevar CD: en ese caso tendremos una PSAdv modal condicional. Ambos análisis son correctos.

2.9 Oraciones con más de dos proposiciones

Las artes parecen un desesperado intento por imponer un sentido a nuestra vida.

Las frases hechas contribuyen a instalarnos en el reino de la imagen dominante.

Las marcas se ocupan de reciclar los envases que ponen en el mercado mediante su contribución a Ecoembes.

Hablamos de un tipo de ansiedad social que dificulta la vida de muchas personas y las condena a la soledad.

No pretendemos proscribir las distracciones, pero las (distracciones) del investigador serán siempre ligeras.

Creo que lo que escondía era un acentuado sentido de la dignidad.

Veo de repente una abeja que aletea en la superficie de la balsa sin poder levantar el vuelo.

					det	N	SP CN		NP	SN CD
				E		SN		E		SPV
			NP			SP CCL			PSAdvM SFVnp	
		SNS nexo					SPV			
	det	N					PSAdj CN			
NP	SAdv CCM						SN CD			
							SPV			
					O. Compuesta SO: Yo					

Sé que le gustaba trepar a los árboles y comer sandías en las tabernas de soldados.

			NP	SP CCL		NP	SN CD		SP CCL	
				SPV 1	nexo cop			SPV 2		
	SN CI	NP					SPV			
nexo		SPV					PSS S SFVnp			
NP							PSS CD			
							SPV			
					O. Compuesta SO: Yo					

Ellos sonrieron y pusieron delante de mí libros y periódicos que apoyaban esa revelación.

								NP	SN CD
				E	SN		SNS nexo		SPV
			NAdv	SP CAdv	N1	nexo cop	N2		PSAdj CN
	NP		NP	SAdv CCL				SN CD	
	SPV 1	nexo cop					SPV 2		
SNS							SPV		
					O. Compuesta				

Desconfío hondamente de la aparente superioridad de los perpetuos desdeñosos que siempre barren la fama hacia casa.

								SAdv CCT	NP	SN CD	SP CCL
							SNS nexo			SPV	
						det	SAdj CN	N		PSAdj CN	
					E			SN			
			det	SAdj CN	N				SP CN		
		E						SN			
NP	SAdv CCM							SP CRég			
								SPV			
					O. Compuesta SO: Yo						

Cuando bajan del escenario dependen de los encargados de casting que han de seleccionarlos.

								NP	SN CD
							SNS nexo		SPV
	NP	SP CCL		det	N	SP CN		PSAdj CN	
nexo		SPV		E		SN			
	PSAdvT SO: Ellos		NP			SP CRég			
						SPV			
					O. Compuesta SO: Ellos				

34

Aquella celebérrima plazuela es el mercado central adonde van todos los utensilios y cachivaches averiados por el tiempo.

								N	SP CCAdj
			SAdv CCL	NP	det	det	N1	nexo cop	N2	SAdj CN
			SPV					SNS	
		det	N	SAdj CN				PSAdj CN	
det	SAdj CN	N	Cóp				SN Atrib		
SNS						SPN			
				O. Compuesta					

Los niños pequeños son egocéntricos porque no tienen la suficiente habilidad mental para entender a otras personas.

								NP	SP CD
								SPV	
							E	PSS SFVnp	
				det	SAdj CN	N	SAdj CN	SP CN	
		SAdv CCNeg	NP			SN CD			
		nexo		SPV					
det	N	SAdj CN	Cóp	SAdj Atrib	PSAdvCausa SO: Ellos				
SNS					SPN				
				O. Compuesta					

Mi amigo pensó que su interlocutor había optado por ignorar la pregunta.

						NP	SN CD
						SPV	
					E	PSS SFVnp	
			det	N	NP	SP CRég	
		nexo	SNS		SPV		
det	N	NP		PSS CD			
SNS				SPV			
			O. Compuesta				

Ahora hemos de tratar el elemento ambiental que más influye en la vida de los hombres.

							det	N	SP CN
							E	SN	
					SAdv CCCant	NP	SP CRég		
				SNS nexo		SPV			
		det	N	SAdjCN		PSAdj CN			
SAdv CCT	NP			SN CD					
		SPV							
		O. Compuesta SO: Nosotros							

Todos estos lugares estaban como los dejó la época en la que los castillos mendocinos estaban habitados.

				E	SN Term/nexo					
				SP CCT	det	N	SAdj CN	Cóp	SAdj Atrib
				SPV		SNS		SPV	
			SN CD	NV	det	N		PSAdj CN	
		nexo	SPV			SNS			
Det	Det	N	cóp		PSAdv Atrib				
SN-Suj					SV-SPN				
			O. Compuesta						

Con el tiempo agrupamos en nuestra carpeta de "Favoritos" los blogs y los foros que nos interesan.

				E	SN-Térm					SN CI		NP
	Det N			Det	N	SP-CN	det	N	det	N	SN Suj nexo	SV-SPV
E	SN-Térm		E		SN-Térm		SN 1	nxo	SN 2		Prop Sub Adj CN complementa a los dos SN	
SP-CC T		NP		SP-CC L					SN-CD			
						SV-SPV						

O. Compuesta SO: Nosotros

Lo han elevado a altares universales en los que sólo se admite a quienes contribuyen a hacer que la Humanidad avance.

(diagrama de análisis sintáctico)

O. Compuesta SO: Ellos

Puede decirse que envejecer y ser dependiente en España es una condena que nos aleja del primer mundo al que supuestamente pertenecemos.

(diagrama de análisis sintáctico)

O. Compuesta Nota: "en España" es CCL de "envejecer" y "ser dependiente"

Algún genio del "storytelling" político debió de inventar esa etiqueta que tanto éxito ha tenido y que todos repetimos cuando hablamos de los jóvenes golpeados por la crisis.

O. Compuesta Nota: "que" en "que tanto éxito" es SNS/nexo; "que" en "que todos repetimos" es SNCD/nexo

Oleadas de cadáveres de refugiados dejan que las olas les den el único abrazo al que se les otorga derecho.

O. Compuesta

Ortega nos recomendó que aprendiéramos de Alemania y abandonáramos el provincianismo, ese apego español a las costumbres y prejuicios.

O. Compuesta Nota: "y", nexo copulativo

Cuando una mujer madura se queja de que ha alcanzado la edad de la invisibilidad, me siento tentada de decirle: quizá seas tú la que no ves

Está claro que los países en los que abunda esa división radical entre protegidos y desamparados son también aquellos en los que uno se siente más inseguro.

Otros creen que la aparición de aquel grupo de hooligans, dirigidos por un loco, interrumpió el acceso a la normalidad que iba siguiendo la historia alemana.

Suelos barnizados con aceite, alacenas, pedestales, camas de acero, para que traguemos quina las que vivimos en chozas de tierra.

										N	SP CN
										E	SN-Térm
									NV	SP CCL	
		E	SN-Térm				NV	SN CD	SNS/nexo		SPV
	N	SP CAdj				E	SN-Térm	nexo	SPV		PSAdjSust Suj
N	SAdj CN				N	SP CN	E		PSS-Térm		
SN 1		SN 2	SN 3		SN 4			SP-CN complementa a los 4 SN anteriores			
					SN						

Ignoro si el copiloto, de cuyo nombre no quiero acordarme, causó el terrible accidente de avión.

				Det nexo	N						
			E	SN-Térm							
			SP-C Rég			NP vm					
			SV-SPV			SV-SPV					
			Prop Sub Sust CD SFVnp	S Adv CC neg	NP	Prop Sub Sust CD SFVnp				E	SN-Térm
			SV-SPV				Det S Adj-CN	N	SP-CN		
	Det	N	Prop Sub Adj-CN SO: Yo			NP	SN-CD				
	NXO	SN-Suj				SV-SPV					
NP		Prop Sub Sust-CD									
		SV-SPV									
		O. Compuesta SO: Yo									

Asistir al festival de Salzburgo o al de Bayreuth y abanicarse elegantemente la mandíbula con el programa de mano [...] es una forma de estar en el mundo de la cultura.

										E	SN-Térm
		SP 1	nex	SP 2						NP	SP-CC
	N		SP-CN			Det	N	SP-CN		SV-SPV	
	E		SN-Térm			Det	N	E	SN-Térm	E	Prop Sub Sust-Térm SFVnp
NP		SP-CC L		NP	nex	S Adv-CC M	SN-CD	SP-CC CCinst	Det	N	SP-CN
	SV-SPV 1			nex		SV-SPV 2			Cóp		SN-Atrib
		Prop Sub Sust-Suj SFVnp								SV-SPN	
					O. Compuesta						

Este joven periodista con aires anarquistas que [] se hizo famoso por el paraguas negro con el que paseaba por la calle de Alcalá había nacido en Monóver.

Det	S Adj CN	N	E	SN-Térm	NP vm	S Adj C Pvo	E	N	S Adj-CN	Det	N	S Adj-CN	Prop Sub Adj-CN SO: Él	E	SN-Térm	SP-CC M/inst	NP	E	SN-Térm	SP-CC L

- SP-CN / SN-Suj nexo / SV-SPV / SP-CC causa / SN-Térm / SV-SPV / NP / SP-CC L
- Prop Sub Adj-CN
- SN-Suj / SV-SPV
- O. Compuesta

Los padres que defienden la educación en casa interpretan que la ley fundamental no obliga a la escolarización.

- Det N / SN Suj nexo / NP / Det N / SP-CN (E SN-Térm) → SN-CD → SV-SPV → Prop Sub Adj-CN → SN-Suj
- NP / NXO / Det N S Adj-CN / S Adv CC neg / NP / E SN-Térm (Det N) / SP-C Rég → SN-Suj / SV-SPV → Prop Sub Sust-CD
- SV-SPV
- O. Compuesta

Ciertos grupos quieren que la naturaleza les dé la razón y la naturaleza se empeña en seguir sus particulares criterios de sensatez.

- Det N NP / nexo / det N SNS / SN Cl NV / det N SN CD → SPV → PSS CD → SV-SPV
- SN-Suj / P1 O. Simple copulat
- nxo
- Det N NP pron / NV SN CD / E PSS-Térm SFVnp (Det N NP / SP-C Rég) → SPV → SN-Suj / SV-SPV
- P2 O. Simple copulat
- O. Compuesta

Tenemos que tener cuidado con las palabras, que resultan engañosas cuando se repiten de modo machacón.

						NP pas ref	SP-CC M
					NXO	SV-SPV	
				NP	S Adj-C Pvo	Prop Sub Adv-CC T SO: Éstas	
			SN Suj nexo	SV-SPV (también puede analizarse como semicopulativo)			
		Det	N	Prop Sub Adj-CN			
	E	SN-Térm					
NP	SN-CD	SP-CC inst					
SV-SPV							

O. Compuesta SO: Nosotros

2.10 Preparando las oposiciones

Las enfermedades alérgicas **han tomado** *tal relieve y extensión que los profanos en medicina ante cualquier síntoma* **sugieren** *o* **tratan de imponer** *al médico que les* **prescriba** *"pruebas alérgicas" de una manera indiscriminada y sin* **pensar** *que el diagnóstico de las enfermedades alérgicas se* **hace** *preferentemente por una buena historia clínica y por una adecuada exploración del enfermo.*

En negrita los verbos y subrayados los nexos. Reparamos en que hay cuatro nexos coordinantes, *y, o, y, y*. El primero une dos SN. El segundo dos proposiciones (o dos predicados) subordinadas, puesto que las precede un nexo *que*. El tercero dos SPrep: el término del segundo SPrep es una PSS que no necesita nexo porque lleva verbo en infinitivo. El cuarto nexo coordinante une dos SPrep CCM. De los verbos en forma personal, que son los que normalmente pueden funcionar como principales, *han tomado* no lleva nexo delante, pero sí todos los demás. *Han tomado* es el verbo principal. *Tal… que* es un cuantificador más un nexo que introduce una PSAdvConsec. Como la proposición complementa al cuantificador, tiene que salir del SN en el que éste se encuentra. Dentro de esta PSAdv consec encontramos dos PC disyuntivas cuyo nexo es *o*. *Sugieren o tratan de imponer que les prescriba* es *sugieren o tratan de imponer una cosa*, de modo que tenemos una PSS CD, que complementa a los dos verbos coordinados: de ahí que hayamos situado a la misma altura del predicado los dos núcleos y la PSS CD. Sería aún más adecuado sacar dos predicados coordinados entre sí, pero, como los complementos aparecen sólo una vez, eso nos forzaría a sacarlos como omitidos dentro de uno de los dos predicados. Es importante comprobar si un elemento pospuesto a una coordinación complementa sólo al segundo miembro o a ambos. En el ejemplo que tenemos complementa a ambos, pero podría complementar sólo al segundo: *Entré y vi al ladrón*. *Pensar que el diagnóstico se hace* es *pensar una cosa*, luego tenemos una PSS CD.

Las enfermedades alérgicas han tomado tal relieve y extensión que los profanos en medicina

					N 1	nexo	N 2	NXO	SN-Suj
				Cuant		N		PSAdv Consec	CCuantificador
Det	N	S Adj-CN	NP					SN CD	
	SN-Suj							SPV	
								ORACIÓN COMPUESTA	

ante cualquier síntoma sugieren o tratan de imponer al médico que les prescriba "pruebas alérgicas"

					SN CI	NP	SN-CD
					NXO		SV-SPV
SP-CC T	NP	NXO	NP	SP-CI			PSS CD
		SV-SPV					
		PSADV CONSEC		C DEL CUANT			
		SN CD					
		SV-SPV					
		O. COMPUESTA					

de una manera indiscriminada y sin pensar que el diagnóstico de las enfermedades alérgicas se hace

					NV pas ref
		nexo	SNS		
	NV		PSS CD		
			SPV		
	E		PSS-TÉRM	SFVnp	
SP 1	nexo		SP 2		
				SP-CC M	
			SV-SPV		
			Prop Sub Sust-CD SO: El médico	
	SV-SPV				
Prop Sub Adv Consec -C del Cuant					
SN-CD					
SV-SPV					
	ORACIÓN	COMPUESTA			

preferentemente por una buena historia clínica y por una adecuada exploración del enfermo.

	SP 1	nexo	SP 2
SAdv CCM		SP CCM	
	SPV		
PSS CD			
SPV			
PSS-Térm SFVnp			
SP 2			
	SP CCM		
	SV- SPV		
	PSS CD		
	SV-SPV		
	PSADV CONSEC	D DEL CUANT	
	SN CD		
	SV-SPV		
	ORACIÓN	COMPUESTA	

Made in the USA
Middletown, DE
09 October 2016